Schnell
straßen
Land
der Undinger
Rübenfelder
osee
deldinger
Dawo Fluss
Öli für alle

3 2 1 88 87 86

Printed in Italy
ISBN 3-473-33501-2

Eine Geschichte aus Dawoland,
da-wo-die Knuddeldinger, die Schratzeln
und die Undinger wohnen

Bruchlandung!

Erfunden von Ali Mitgutsch
und Dirk Holger Teichmann

Otto Maier Verlag Ravensburg

Dawoland ist nicht weit von hier und überall da, wo Knuddeldinger, Schratzeln und Undinger leben.

Die Knuddeldinger knuddeln gerne und lieben den Aufenthalt in ihren schönen Gärten. Dort beobachten sie nicht nur mit den Augen, sondern auch mit ihren großen Ohren. Im Frühjahr lauschen die Knuddeldinger auf das zarte Knacken der sich öffnenden Knospen, im Sommer auf das Rauschen der wogenden Gräser, im Herbst auf das dumpfe Platschen der herabfallenden Früchte und im Winter auf das scharfe Knirschen der gefrierenden Eiszapfen. Neben den Geräuschen erfreut die Knuddeldinger das Beriechen, Befühlen und Schmecken von Gegenständen angenehmer Art. Bevor die Knuddeldinger zum Beispiel einen Pfirsich essen, riechen sie mit geschlossenen Augen, ob er schon den feinen Duft der Reife hat. Dann fahren sie sanft mit den Fingerspitzen über die samtene Oberfläche und spüren schon das pelzige Gefühl, das die Pfirsichhaut an den Zähnen verursacht. Endlich beißen die Knuddeldinger vorsichtig in das Fruchtfleisch und machen die Zunge breit, um den Geschmack voll auszukosten.

Wenn sich zwei Knuddeldinger besonders gern mögen, schenken sie sich Schmeichelsteine. Das sind glatte und wohlgeformte Steine, die sich in die Handfläche schmeicheln

und zum ständigen Herumspielen in der Hand verlocken. Sonst werden die Schmeichelsteine bei festlichen Anlässen in Beutelchen aus weichem Leder um den Hals getragen. Aus der Anzahl der Schmeichelsteine ist ersichtlich, wie beliebt ein Knuddelding ist. Für außergewöhnliche Leistungen werden Extra-Schmeichelsteine vergeben. Sehr viele Schmeichelsteine tragen der Erfindinger, der Opadinger, sein Enkel Hedu und dessen Freundin Dudi, da alle sehr findig und beliebt sind. Nur ein einziger Schmeichelstein ziert dagegen Fred Nörgler und Doktor Aufschneider. Deshalb warten beide sehnsüchtig auf weitere Schmeichelsteine!

Eine der größten Freuden der Knuddeldinger ist das Fliegen in geräuschlosen Fluggeräten. Damit schweben sie zwischen den Wipfeln der höchsten Bäume und über den üppigen Gärten. Oder sie fliegen in der gläsernen Gondel eines Zeppelins über das Land und winken ihren Freunden in der Luft und am Boden zu. An manchen Samstagnachmittagen steigt der Bäckermeister Josef Brezinger mit seinem Ballon auf und wirft leckere Krapfen und Tortenstücke an kleinen Fallschirmen über den kaffeetrinkenden Knuddeldingern ab.
Auf der Erde bewegen sich die Knuddeldinger in Elektros fort.
Die können nur in Schrittgeschwindigkeit fahren und sind rundum mit dicken Gummiwülsten gepolstert,

damit bei einem Zusammenstoß nichts passiert.
Die Elektros fahren geruch- und geräuschlos dahin. Ihre Energie beziehen sie aus Batterien, die mit Sonnenlicht aufgeladen werden.

Die Freunde der Knuddeldinger leben unter der Erde und heißen Schratzeln. Sie graben nach funkelnden Steinen, mit denen sie ihre Schratzel-Diskothek ausschmücken. Jeden Freitag gehen die Schratzeln in die Disco, um nach der arbeitsreichen Woche ein rauschendes Fest zu feiern. Im strahlenden Licht der Edelsteine singen sie dann ihre uralten Schratzellieder und tanzen, daß die Erde zittert.
Am liebsten essen die Schratzeln die berühmte Schratzelsuppe, deren Duft allein schon fast satt macht. Wenn die Schratzeln weiter entfernt von den heimatlichen Kochtöpfen graben, wird ihnen die wohlverdiente Suppe in Kochgeschirren von den Schratzelhunden nachgebracht.
Jeden Abend zählen die Schratzeln, ob alle aus den verzweigten Gängen zurückgekehrt sind. Damit das Zählen möglichst schnell geht, hat jeder eine Nummer auf dem Helm.

Die Schratzeln halten überhaupt nichts vom Fliegen. Immer wieder weisen sie die Knuddeldinger auf die Gefahren des Fliegens hin: Ein Ur-urschratzel träumte einst nur vom Fliegen und fiel dabei aus dem Bett. Davon holte er sich eine ziemlich große Beule am Kopf. Die Schratzeln sagen natürlich mit Recht: „Wenn einer schon beim Sturz aus dem Bett eine Beule kriegt, wie sieht er dann erst bei einem Sturz vom Himmel aus?“

Viel vom Fliegen halten dagegen die Undinger, die auf der anderen Seite des Dawo-Flusses wohnen. Aber sie schaffen es einfach nicht, irgendein taugliches Fluggerät zu bauen. Dafür brausen sie mit schnellen Autos über Land. Die entsetzlich stinkenden und lärmenden Motoren werden mit Rübenöl betrieben. Die Undinger roden große Teile ihrer Salatbaum-Wälder, um genügend Platz für den Anbau der Rüben zu erhalten.
Über die nun kahlen Flächen fegt manchmal ein kalter Wind, der selbst die Undinger frösteln läßt. Aber wenn sie wieder einen Motor knattern hören, vergessen sie rasch das unangenehme Gefühl. Und schon denken sie erneut darüber nach, wo sie weitere Rübenfelder und Straßen anlegen könnten!

Für gewöhnlich leben Knuddeldinger, Schratzeln und Undinger in Dawoland friedlich zusammen. Das ist nicht weiter verwunderlich, da jeder für sich haust.

Aber manchmal begegnet man sich, und dann passiert meistens etwas sehr Aufregendes…

Liebe Freunde", sagt der Opadinger gerührt, „ich danke euch, daß ihr gekommen seid. Aber bevor wir Abschied nehmen, wollen wir erst einmal frühstücken." Fröhlich setzen sich Dudi, Hedu, der Erfindinger, Doktor Aufschneider, Fred Nörgler und die Schratzeln hin. Sie entfalten ihre Servietten und greifen vergnügt zu. Aus den bauchigen Kannen fließen Milch, Kakao und Saft. Die knusprigen Semmeln und Brezeln vom Bäckermeister Brezinger werden

mit Butter gepolstert und mit Honig und Marmelade bestrichen. Schnell sind Gesichter, Hände und Kleider, trotz der Servietten, kräftig bekleckert, und alle denken: „Was für ein wunderbares Frühstück!“

Das leise Zischen im Hintergrund erinnert daran, daß der Ballon für die Ferienreise von Dudi, Hedu und dem Opadinger gefüllt wird.
Aufmerksam mustern Dudi und Hedu ihr umfangreiches Gepäck: Zelte, Luftmatratzen, Schlafsäcke, Bücher, Schwimmflossen, Federballschläger, Traumkissen, Flöten, Blumenkränze, Spiele, Landkarten und ein Deckelkorb mit Kochtöpfen, Geschirr und Essensvorräten.

Hoffentlich haben wir nichts vergessen“, meint Dudi aufgeregt. „Wir könnten sowieso nicht mehr mitnehmen“, beruhigt sie Hedu, „der Ballonkorb wird sonst zu schwer.“
„Na, zwei Brezeln wird er schon noch

verkraften“, sagt Dudi und steckt sie in eine ihrer weiten Hosentaschen, „du brauchst gar nicht zu lachen. Man weiß nie, was auf einer Reise passiert.“ Hedu lacht trotzdem und wendet sich dem Opadinger zu.

Der erklärt einigen Schratzeln gerade die Steuerung des Ballons: „Also, das hier ist die Ventilschnur. Wenn ich daran ziehe, strömt Gas aus, und der Ballon hat weniger Auftrieb. Er sinkt dann. Und wenn ich aus diesen Säcken Sand abwerfe, steigt der Ballon, weil er leichter wird.“ „Gut“, sagt Schratzel Sieben, „rauf und runter, das versteh ich. Aber wie steuerst du zum Meer?“

„Ich kann nicht steuern. Der Ballon muß dahin, wohin ihn der Wind treibt“, sagt der Opadinger übermütig. Die Schratzeln, die nichts vom Fliegen halten, schütteln die Köpfe. „Das Ballonfahren sollte verboten werden“, meinen sie besorgt. „Er muß dahin, wo ihn der Wind hintreibt! Das kann nur böse enden!“

Der Opadinger klopft den Schratzeln gutgelaunt auf den Rücken: „Ihr müßt ja nicht mit. Aber auch uns wird nichts passieren! Der Wind wird uns geradewegs über das Gebirge zum Meer bringen!“ Doch die Schratzeln beruhigen sich nicht. Sie bleiben murmelnd stehen, während der Opadinger schmunzelnd zum Erfindinger hinübergeht.

Der Erfindinger beobachtet mit gerunzelter Stirn den Druckmesser des Ballons. „Gleich ist es soweit“, sagt er. Tatsächlich, der Zeiger erreicht zitternd die rote Markierung und steht dann still.
„Jetzt können wir das Gepäck verladen“, ruft der Opadinger und klettert in den Ballonkorb. Dort verstaut er die Sachen, so weit der Platz reicht. Die übrigen Sachen bindet er außen am Korb fest. Nun steigen Hedu und Dudi ein.

Hedu wird es mit einem Mal merkwürdig bang ums Herz. Er denkt daran, was er alles zurücklassen muß: die Freunde, den schönen Garten, sein bequemes Bett und das Regal mit den spannenden Büchern! Dudi merkt, wie Hedu seine Ohren hängen läßt. Sie versucht ihn aufzumuntern: „He! Du! Wir fahren doch ans Meer! Stell dir vor, wie wir auf unserem Luftreifen Wellenreiten! Das Wasser schmeckt salzig und riecht köstlich! Und wir bauen eine Sandburg und spielen Federball! Nachts schlafen wir im Freien und zählen die Sternschnuppen! Und der Opadinger und ich sind schließlich auch dabei!“

Das klingt natürlich nicht schlecht. Hedus Miene heitert sich auf. Er holt seine und Dudis Flöte heraus, um das Abschiedslied zu spielen. Nach dem letzten Ton klatschen alle Beifall. Der Opadinger befiehlt: „Leinen los!“ Die Schratzeln lösen die Haltetaue.

Der Ballon steigt in die Höhe – wie von einem Kran gezogen. Dudi schickt einige übermütige Flötentriller zu den Freunden hinunter. Die winken aus Leibeskräften und rufen den Reisenden gute Wünsche hinterher.

Aus einem Einstieg schaut ein kleiner Schratzel dem Ballon traurig nach. Schratzel Dreizehn hat verschlafen und das gemeinsame Frühstück und den Start verpaßt. Ausgerechnet dem einzigen Schratzel, der gerne einmal fliegen würde, muß so etwas Dummes passieren!

Für die drei im Ballon werden die Freunde immer kleiner und die Rufe leiser. Bald sind die Köpfe nur noch als Punkte zu erkennen. Das riesige Tischtuch schimmert als kleines weißes Rechteck herauf. Die Schirmbäume stehen als dunkelgrüne buschige Kugeln in den hellen Wiesen. Auf dem Dawo-See legen die Fischinger ihre Netze aus. Erstaunt blicken sie auf, als der Ballonschatten über sie hinweggleitet. Sie erkennen an dem wehenden Bart den Opadinger. Freundlich grüßen sie herauf.

Riechgarten

Senioren
STAU

Auf der anderen Seite des Dawo-Flusses beginnt die Ferienzeit mit dem üblichen Stau auf der Autobahn. „Ein Glück, daß wir hier oben von dem Krach und Gestank nichts merken", sagt der Opadinger.

Der Ballon fliegt weiter über einen Park mit prächtigen Blumen. „Schaut mal, wie viele Leute Blumingers Riechgarten besuchen!" Dudi deutet auf die Knuddeldinger, die genießerisch herumschnüffeln. „Der Bluminger soll einige besondere Blüten gezüchtet haben", weiß der Opadinger. „Die dürfen nur aus einem Meter Abstand berochen werden, da ihr Duft sonst betäubt. Nach unserer Reise könnten wir einen Ausflug zum Riechgarten machen."

Auf der Senioren-Rollschuhbahn üben Großväter und Großmütter für das nächste Schaulaufen. Sie zeigen den Ballonfahrern ihre gewagten Kunststückchen.
Hedu und Dudi haben Blumenkränze gewunden, die sie unterwegs abwerfen wollen. Auf den Schleifen steht: „Dudi, Hedu und der Opadinger grüßen alle, die sie sehen." Sie werfen den Rollschuhläufern das erste Kränzchen hinunter.

Es ist doch recht hübsch bei uns Knuddeldingern", brummt der Opadinger zufrieden. Auf den fetten Weiden liegen die wiederkäuenden Wollkühe. Die Elektros fahren langsam dahin. Zwischen den goldfarbenen Feldern leuchten mit Gras bewachsene Dächer.

Eigenartig ist nur, daß die Landschaft unter dem Ballon in immer schnellere Bewegung gerät. „Was soll denn das?" fragt Hedu verwundert. „Wir fliegen schneller, es weht eine stärkere Brise", erklärt der Opadinger.

Der Ballon scheint zu stehen, während die Landschaft unter ihm in rasender Geschwindigkeit fortzieht. Der Opadinger dreht sich erstaunt um. Der vorher strahlend blaue Himmel färbt sich unangenehm schwefelgelb. „Das sieht verflixt nach einem Sturm aus", meint der Opadinger ärgerlich. „Müssen wir landen?" fragt Hedu. „Das können wir leider nicht mehr, der Wind ist schon zu stark", sagt der Opadinger.

Die freundlichen Farben der Landschaft verblassen und gehen in ein kaltes Grau über. Die Baumkronen werden zu Boden gedrückt. Über die Felder laufen Wellen wie bei sturmgepeitschtem Wasser. „Wird's brenzlig, Opadinger?" will Dudi wissen.
Der Opadinger schüttelt den Kopf: „Vorläufig noch nicht. Wir müssen aber über alle Hindernisse hinwegkommen."
„Und wenn wir es nicht schaffen?"
Der Opadinger zuckt als Antwort nur mit den Achseln. Hedu muß an die Warnungen der Schratzeln denken und zieht den Kopf ein.

Ein Vogel wird neben dem Ballon hergetrieben. Er versucht zu bremsen und wird auf den Rücken geworfen. Mit einem Fuß deutet er auf die aufkommende Gewitterfront und krächzt: „Jo seidsn narrat, dös weda haud eich an föisn hi! Schaugds, dasts weida kemts!“

Eine heftige Windbö reißt ihn hoch über den Ballon. Er verschwindet in den Wolken. „Was wollte denn der komische Vogel?“ Dudi hat kein Wort verstanden. Für Hedu sprach der Vogel so ähnlich wie der Vetter, der bei den südlichen Knuddeldingern lebt. „Ich glaube, er wollte uns warnen“, meint Hedu.

Die Geschwindigkeit des Ballons nimmt beängstigend zu. Die vor kurzem noch weit entfernten Berge rücken schnell näher. Das fahle Licht geht in schwarze Dunkelheit über.
„Kinder, jetzt wird's ernst“, brummt der Opadinger. Er wirft einige Schaufeln voll Sand ab. Doch der Ballon

gewinnt kaum an Höhe. Der Opadinger bindet einen ganzen Sack los und läßt ihn fallen. Auch das hilft nichts. Die ersten bewaldeten Vorberge tauchen unter dem Ballon weg. „Wir müssen leichter werden“, schreit der Opadinger, „werft das Gepäck raus!“

Fieberhaft knüpfen die drei die Sicherungsschnüre der Ausrüstung auf. Doch bevor sie etwas abwerfen können, bleibt der Ballon schon in den Baumwipfeln hängen. Äste peitschen den Korb. Er wird vom Ballon weitergerissen und hängt schräg in der Luft. Die Knuddeldinger klammern sich an die

Halteseile. Die ersten dicken Tropfen fallen. Gleißende Blitze blenden die Augen. Unaufhaltsam treibt der Ballon weiter auf die Felskanten zu, die im Schein der Blitze geisterbleich leuchten.

An den ersten Felszacken schwankt der Ballon noch vorbei. Doch dann wird er gegen das rauhe Gestein gedrückt. Der Ballonkorb schrammt am Felsen entlang. Ein weit herausragender, messerscharfer Felssporn trennt die Halteseile bis auf eines durch. Der Ballonkorb kippt. Dudi, Hedu und der Opadinger purzeln heraus. Beim Sturz in die Dunkelheit rollen sie sich unwillkürlich zusammen. Benommen bleiben sie liegen.

Der Opadinger erholt sich als erster. „Hedu, Dudi!" Er brüllt gegen das Heulen des Sturmes an: „Wo seid ihr?" Angstvoll horcht er auf Antwort. Aber er hört nur den Sturm und den prasselnden Regen. Er ruft nochmals: „Hedu, Dudi!" Verzweifelt sucht er umher, ruft wieder und wieder. Seine Finger berühren eine kalte Hand. Entsetzt tastet der Opadinger den Arm entlang zum Kopf. „Du, Dudi, sag doch was!"
„Warum?" fragt Dudi verwirrt, „was ist los?" Der Opadinger befühlt mit bebenden Händen ihr Gesicht.
„Dudi, bist du verletzt?"
„Nein, ich glaube nicht!" Sie erhebt sich taumelig. Beim nächsten Blitz sieht sie Hedu, der angestrengt in die andere Richtung späht. „Hedu, hier sind wir!"

Hedu stolpert auf Dudi und den Opadinger zu und fällt in ihre Arme. Der nächste Blitz schlägt dicht neben ihnen ein. Schützend zieht der Opadinger die beiden an sich. Ein gewaltiger Donnerschlag folgt unmittelbar und wirft die drei fast um.
„Schnell an die Felsen, sonst erschlägt uns der Blitz!" Sie schlittern über glitschige Steine und glatte Grasbüschel unter einen Felsvorsprung. Wenigstens trommelt der Regen nicht mehr so heftig auf ihre Köpfe. Erschöpft hocken sich die drei hin. Erst nach langer Zeit läßt das Unwetter nach. Nur noch einige Blitze zucken. Der Donner entfernt sich. Der Regen geht in gleichmäßiges Rauschen über.

Hedu streicht prüfend mit der Hand über eine dunkle Stelle an der Felswand. Seine Hand greift ins Leere.
„Was treibst du da?" fragt Dudi.
„Ich glaube, ich habe eine Höhle entdeckt", sagt Hedu und kriecht vorsichtig in die schwarze Öffnung.
„Ihr könnt auch reinkommen, es ist Platz genug", hören sie seine dumpfe Stimme.

In der Höhle ist der Boden trocken und nicht kalt. „Ich zünde ein Streichholz an", sagt der Opadinger in die Finsternis hinein. „Au weh, die sind ja ganz feucht. Wir müssen warten, bis sie trocken werden."

Die durchnäßten Knuddeldinger kauern sich auf den harten Boden. Langsam weicht die Spannung von ihnen. Umso mehr nagt der Hunger in ihren Bäuchen. „Wo mag unser Picknick-Korb sein?" fragt Dudi sehnsüchtig. „Wahrscheinlich fort über alle Berge!" Dudi steckt fröstelnd die Hände in die Hosentaschen. Zu ihrer Überraschung und Freude findet sie ihre Brezeln! So gerecht, wie es im Dunkeln geht, werden sie aufgeteilt. Noch nie haben aufgeweichte Brezeln so gut geschmeckt! Für ihren Wolfshunger hätten die Knuddeldinger allerdings einen Korb voll Brezeln gebraucht.

Das kärgliche Mahl weckt Dudis Lebensgeister. Sie will vor der Höhle nach Feuerholz suchen. „Geh nicht weit weg, und paß auf Spalten und Abgründe auf", warnt der Opadinger.

Vor der Höhle erschrickt Dudi über ein fernes Wetterleuchten. Sie prüft zaghaft Schritt für Schritt, ob sie noch festen Boden unter den Füßen hat. Trotz aller Vorsicht stolpert sie über die Wurzeln einer mächtigen Tanne. Sie fällt auf einen weichen Körper und schreit auf. Erschrocken wirft sie sich zur Seite. Als sich längere Zeit nichts bewegt, faßt sie zögernd noch einmal hin. Welch ein Glück! Es sind die Schlafdecken. Und nur ein wenig feucht! „Nicht schlecht", denkt Dudi und sucht weiter. Sie findet noch die große Eisenpfanne und zwei Blechdosen. Zwischen den Zweigen der Tanne hängt ein dürrer Ast. Dudi zieht ihn herunter und bricht ihn mühsam in kurze Stücke. Dann kehrt sie mit ihrer Beute zur Höhle zurück.

„Da bist du ja endlich", sagt Hedu, „wir haben uns schon Sorgen gemacht." Er staunt, als Dudi ihre Schätze anschleppt. „Wir haben aber auch was gefunden", sagt er stolz, „nämlich ein paar Rindenstückchen."

„Hoffentlich trocknen die Streichhölzer bald", sagt der Opadinger. Er versucht eines anzuzünden. Es zischt noch ein wenig. Trotzdem kann er die Rindenstückchen in Brand setzen. Hedu kramt aus einer seiner großen Hosentaschen ein Taschenmesser hervor und schnitzt Späne. Nach und nach schiebt er sie in die Flamme, bis ein hübsches Feuerchen flackert. Der Rauch zieht gut durch den Höhleneingang ab. Auf den nackten Felswänden zuckt der Flammenschein.

Das Feuer verbreitet bald eine angenehme Wärme. Die Knuddeldinger können ihre nassen Kleider ausziehen und sich in die flauschigen Schlafdecken hüllen. Der Opadinger blickt um sich. „Alles sehr seltsam hier, gar nicht wie in einer unbewohnten Höhle… na ja, besser als in Regen und Wind ist es auf jeden Fall."

Gespannt öffnet Hedu die von Dudi gefundenen Blechdosen. „Mmmmh, Haferflocken und Honig! Das wird uns schmecken.“ In der Pfanne röstet er erst die Haferflocken und gießt dann den Honig darüber. „Essen fertig!“ verkündet er zur allgemeinen Freude. Mit Holzspänen holen sich die drei die süßen Flocken aus der Pfanne.

Mit Genuß schlecken sie, bis die Pfanne wieder sauber glänzt. Dann stellt der Opadinger die leere Honigdose vor die Höhle, um Regenwasser zum Trinken aufzufangen.

Er überlegt, ob er jetzt nicht eine seiner berühmten Gespenstergeschichten erzählen soll. Dabei gruselt es ihm selbst so schön. Ein unheimliches Geräusch am Höhleneingang läßt ihn zusammenzucken. Eine zottige Kugel rollt vorbei. Schritte platschen auf dem Felsboden und entfernen sich.

Habt ihr das auch gesehen und gehört?“ Hedu und Dudi nicken ängstlich.
„Das war vi-vie-vielleicht ein wilder B-B-B-Berglöwe“, flüstert Hedu.
„Jedenfalls scheint es hier gefährlich zu sein“, brummt der Opadinger besorgt, „einer von uns muß heute nacht wachen.“
Er nimmt drei verschieden lange Holzspäne und verdeckt sie mit einer Hand. „Wer den kürzesten zieht, hält die erste Wache.“ Hedu erwischt den kürzesten. „Was soll ich denn machen, wenn ein wildes B-B-Biest kommt?“ fragt er schlotternd.
„Du nimmst die schwere Pfanne, und damit schlägst du zu und schreist recht laut. Wir stürzen sofort herbei und helfen dir“, sagt Dudi beruhigend.

Hedu schlurft zum Höhleneingang. Er wickelt sich in seine Decke und hält die Pfanne griffbereit. Verdrossen denkt er: „Zuhause im warmen Bett Abenteuergeschichten lesen, das macht Spaß! Aber bei Regen im Dunkeln sitzen und auf wilde Tiere warten, ist abscheulich!“
Angestrengt starrt er in die Nacht. Da er nichts erkennen kann, schließt er die Augen, um besser hören zu können. Und schon ist er eingeschlafen.

Ein dumpfer Laut läßt ihn auffahren. Im Schlaf hat er die Pfanne losgelassen. Es dämmert bereits. Hedu läßt seine Augen herumwandern, ohne den Kopf zu bewegen. Nachdem nichts Gefährliches zu erkennen ist, schält er sich aus der Decke. Er überlegt, ob er die anderen wecken soll. Aber er läßt sie lieber noch schlafen.

Voll Staunen blickt er um sich. Der Himmel überzieht sich mit violetten Streifen, die langsam rosarot werden und verschwinden. Der blanke Himmel färbt sich hellblau. Hedu steht fröstelnd in der Morgenkühle. Mühsam streckt er seine steifen Glieder. Zum Aufwärmen schlägt er seine Arme um den Körper und läuft ein wenig herum. An einer Quelle taucht er einen Finger ins Wasser. Brrr! Aber schließlich waschen sich alle Abenteurer in eiskaltem Wasser! Seufzend zieht Hedu sein Hemd aus und wäscht sein Gesicht. Dann spritzt er einige Tropfen auf Arme und Oberkörper: Das muß reichen! Zufrieden streift er sein Hemd wieder über.

Im klaren Morgenlicht kann Hedu weit ins Land blicken. Unter ihm erstrecken sich grüne Wiesen und dunkle Wälder, die in graue Felsen übergehen. Über ihm leuchten weiße Schneefelder. Ferne Bäche glänzen silbrig. An steilen Hängen verzweigen sie sich und fallen schäumend zu Tal. Es herrscht Stille. Nur ab und zu quarren einige Dohlen.

Auch der Opadinger und Dudi sind inzwischen erwacht. Vor der Höhle finden sie nur die Pfanne. Sie machen sich ernstlich Sorgen um Hedu. Wo mag er nur sein?
„Der Arme hat die ganze Nacht gewacht, damit wir schlafen konnten! Sicher hat ihn der Berglöwe weggeschleppt! Ach, unser lieber Hedu“, schluchzt Dudi. Doch da schlendert Hedu vergnügt um die Felsecke. „Du bist ja gar nicht aufgefressen“, ruft Dudi erleichtert.
„Bei schönem Wetter mögen die Berglöwen keine Knuddeldinger“, lacht Hedu.

So sicher ist das nicht. Steine kullern den Abhang herab, und eine Pelzkugel schießt direkt auf sie zu. Während der Opadinger und Hedu vor Schreck erstarren, holt Dudi mit der Pfanne zu einem fürchterlichen Schlag aus. Die Pelzkugel rollt dem Opadinger vor die Füße. Sie öffnet sich und streckt Kopf, Arme und Beine heraus. Eine Stimme kräht: „Grüß dich, Opadinger!“ Der Opadinger blinzelt ungläubig, bis er langsam die seltsame Erscheinung erkennt:

„Yetinger, alter Knabe, was machst du denn hier?“

Freudig schütteln sie sich die Hände. Dudi läßt verlegen die Pfanne fallen und begrüßt mit Hedu den Yetinger. Der erzählt aufgeregt: „Ihr müßt mir helfen. Letzte Nacht haben drei Riesenkerle in meiner Höhle ein Feuer angezündet!“

Den Knuddeldingern geht ein Licht auf.

„Das waren wir“, sagt der Opadinger,

„aber wir, wir haben vor dir Angst gehabt, als du vor der Höhle herumgerollt bist!“ Erleichtert lachen sie alle.

Wie kommt ihr eigentlich hierher?“ will der Yetinger wissen. Der Opadinger berichtet von dem Absturz. „Unser Ballon treibt wer weiß wo, und die Ausrüstung werden wir wahrscheinlich nie mehr finden.“ Der Yetinger läßt sich die Absturzstelle genau beschreiben und sagt nur: „Gleich bin ich zurück!“ Er kugelt so schnell einen Abhang hinunter, daß er kaum den Boden berührt. Schon stürmt er wieder herauf und ruft: „Alles in Butter, ich meine, da unten liegt alles herum.“ „Nichts wie hin“, meint Dudi, der schon wieder der Magen knurrt.

Der Yetinger rollt den Knuddeldingern voraus. Das große Suchen beginnt. Es ist wie beim Ostereier-Suchen: In den Tannen die Würste, hinter den Felsen die Federballschläger, auf den Felsen die Luftmatratzen … Nur der Ballon ist und bleibt verschwunden.

Tja, was machen wir nur ohne Ballon?“ überlegt der Opadinger.
„Bleibt bei mir und wohnt in meiner Höhle“, lädt der Yetinger sie ein. Ich zeige euch das Gebirge, und wir werden viel Spaß zusammen haben.“ Der Opadinger berät sich kurz mit Hedu und Dudi. „Wir verbringen unsere Ferien sehr gern bei dir“, sagt der Opadinger. Der Yetinger jodelt vor Freude so laut, daß die Felsen wackeln und ein siebenfaches Echo zurückwerfen.

Die gesamte Ausrüstung wird in die Höhle geschleppt. An der Quelle richten sie ein Badezimmer ein. Dann gibt es endlich ein ausgedehntes Frühstück. Nur der Yetinger will nichts essen und verspricht geheimnisvoll: „Heute abend bereite ich euch eine Überraschung." Er wehrt alle Fragen ab und lächelt verschmitzt.

Nachdem sogar Dudi satt geworden ist, führt sie der Yetinger zu seinem Lieblingsplatz. Die Knuddeldinger keuchen, als sie bei einem Felssessel in luftiger Höhe angekommen sind. Der Yetinger nimmt Platz und erklärt: „Hier sitze ich jeden Tag und halte Umschau. Und jeden Tag sehe ich etwas anderes: andere Wolken, andere Blumen, andere Tiere … Die Landschaft erscheint im Sommer anders als im Herbst. Bei Regen wird sie anders, bei Gewittern …"

es mir gelingen!“ Vorläufig steigen sie noch höher zu einem Schneefeld, das in strahlendem Sonnenschein liegt.

„Los, Hedu, wir holen unseren Schlauchreifen und fahren Schlitten!“ sagt Dudi. Das klappt prima. Zwei sitzen auf dem Reifen und steuern mit dem Paddel. Der dritte muß anschieben und dann aufspringen.
Als sie vom Schlittenfahren genug haben, spielen sie Federball.
Der Yetinger kugelt auf dem Boden herum und trifft nur selten den Ball. Schließlich wird er immer besser und flitzt auf seinen krummen Beinen hin und her. „Du spielst schon fast so gut

„Erinnere uns bloß nicht daran“, brummt der Opadinger. Gemeinsam genießen sie den Blick über die schneebedeckten Bergketten mit den spitzen Gipfeln.

Dann führt der Yetinger vor, wie er sich im Gebirge fortbewegt. Er überquert einen gähnenden Abgrund auf einem schwankenden Baumstamm. Über tiefe Gräben schwingt er sich an einem federndem Ast. Er benützt eine Kante am Hang als Sprungschanze und segelt mit ausgebreiteten Armen weit hinaus. Erst kurz vor der Landung rollt er sich zusammen. „Nur schade, daß ich die Berge nicht hinaufkugeln kann. Aber ich übe fleißig, und eines Tages wird

wie unser Super-Boris", meint Hedu bewundernd. So spielen sie stundenlang selbsterfundene und altbekannte Spiele auf der Wiese und im Schnee.

Zum Verschnaufen legen sie sich auf weiche Graspolster und schauen in den blauen Himmel. Die Grillen zirpen, und keiner mag ein Wort sagen.

Allmählich wird es Zeit zum Abendessen. „Jetzt gibt's die Überraschung", verkündet der Yetinger und reibt sich die Hände. Er steigt einen steilen Pfad zu einer Schneemulde hinauf. Die Knuddeldinger folgen ihm und erblicken einen zartblauen Wald aus zierlichen Stengeln. Die glitzernden Schneekristalle verbreiten ein unwirkliches Licht.
„OOOH!" Mehr bringen die Knuddeldinger vor Staunen nicht heraus.
„Das sind meine Eisblumen und Eisfrüchte", sagt der Yetinger stolz. Die Knuddeldinger können sich an dem traumhaften Anblick kaum sattsehen. Sattsehen? Die immer hungrige Dudi fragt den Yetinger neugierig: „Wie ißt du denn die Sachen? Taust du sie auf oder stellst du sie aufs Feuer?"
„Weder noch", lacht der Yetinger, „warte mal ab." Mit seinem goldenen Löffel, den er immer bei sich hat, kratzt er Schnee zusammen und füllt ihn in einen Topf. „Das wird die nächste Überraschung", sagt er.

Später, in der Höhle, kochen sich die Knuddeldinger eine leckere Suppe. Der Yetinger wartet, bis sie zu essen anfangen. Da nimmt er die Eisfrüchte und beißt hinein wie in einen Apfel. Die Knuddeldinger müssen sich erst daran gewöhnen, daß der Yetinger

mit seinen kräftigen Zähnen alles krachend zerkaut. Doch dann finden sie es richtig gemütlich.
Nach dem Essen rührt der Yetinger ein rosa Pulver in den mit Schnee gefüllten Topf. Er läßt Dudi davon probieren. „Das schmeckt wie Himbeereis", ruft Dudi erstaunt. „Ist es auch", strahlt der Yetinger, „mit dem Pulver von zermahlenen Früchten kann ich mir jederzeit Eis zubereiten."

Zur Unterhaltung nach dem Abendessen holt der Yetinger noch ein Fläschchen Eiswein. Hedu und Dudi bekommen einen Fingerhut voll. Der Opadinger und der Yetinger genehmigen sich etwas mehr. Alle stoßen auf die glückliche Rettung an.
Der Eiswein regt den Opadinger zum Erzählen an. Hedu und Dudi kuscheln sich bei seinen gruseligen Geschichten aneinander. Der Pelz des Yetinger sträubt sich vor Entsetzen. Dem Opadinger wird es selbst angst und bang. Er zittert so sehr, daß beim Trinken sein Glas an den Zähnen klirrt.

Erst als der Yetinger weitschweifig von den Murmeltieren berichtet, beruhigen sich alle. Er schildert, wie sich die drolligen Tiere für den Winterschlaf ihre Höhlen graben und mit trockenem Gras ihr Lager weich polstern.

„Ich dagegen“, sagt er, „ich schlafe auf einem Steinbett.“ Wirklich ist an der Höhlenwand ein Bett mit Kopfkissen aus dem Felsen herausgehauen. „Unsere Luftmatratzen sind auch nicht schlecht“, sagt Dudi gähnend.

Alle begeben sich zur Ruhe. Sie schlafen wunderbar. Nur manchmal muß Hedu den Yetinger in die Ohren zwicken, damit er zu schnarchen aufhört.

Am nächsten Tag hängen graue Wolken über den Bergen. Das macht den Freunden nichts aus. Hedu liest spannende Geschichten aus seinen Abenteuerbüchern vor. Am Nachmittag spielen alle „Knuddelding – ärgere dich nicht“ und andere Spiele aus der Spielesammlung. Am folgenden Tag scheint wieder die Sonne, und die vier toben durchs Gebirge. Der Yetinger zeigt ihnen, wo die besten Beeren und die größten Pilze wachsen. Und immer wieder legen sie sich in die duftenden Bergwiesen und lassen Wolken und Gedanken ziehen. So vergeht eine Woche und noch eine und noch eine.

Hier möchte ich immer bleiben“, sagt Hedu eines Tages und räkelt sich in der Sonne. Der Opadinger aber brummt: „Wir sind schon recht lange hier! Unsere Freunde zu Hause werden sich Sorgen machen. Yetinger, uns gefällt’s wirklich bei dir. Aber wir müssen heim!“ Der Yetinger schluckt schwer. Es war so lustig, mit den Knuddeldingern über die Berge zu tollen. Traurig rollt er sich zusammen. Hedu und Dudi trösten ihn: „Wir besuchen dich bestimmt bald wieder. Und auch du bist jederzeit bei uns willkommen. In unseren Wohnkisten wird immer ein Plätzchen für dich sein!“ Und sie schenkt ihm ihren liebsten Schmeichelstein. Hedu trennt sich nach kurzem Zögern von seinen sämtlichen Abenteuerbüchern. Ein bißchen können sie damit den Yetinger aufheitern.

Mit selbstgebauten Tragegestellen brechen sie auf. Der Yetinger begleitet sie bis zum großen Graben.
„Lebt wohl und denkt manchmal an die Berge“, sagt er und wendet sich rasch ab.

Lange noch winken sie einander zu.
„Der arme Yetinger bleibt allein, und wir kehren zu so vielen Freunden zurück“, sagt Hedu mitleidig. Der Opadinger legt ihm die Hand auf die Schulter: „Weißt du, seine Welt sind die Berge. Aber wir werden ihn bald wieder besuchen.“

Auf dem Rückweg denkt jeder still über die vergangenen Tage nach.
„Opadinger“, sagt Dudi neugierig, „woher kennst du eigentlich den Yetinger?“ Der Opadinger lacht und antwortet: „Das ist eine lange Geschichte. Also früher einmal…“
Ein Sausen in der Luft unterbricht ihn. Ein Segelflugzeug schwebt über ihnen und wackelt mit den Flügeln.
„Der Erfindinger!“ schreit Hedu und winkt aufgeregt mit den Armen. Das

Flugzeug wackelt noch einmal mit den Flügeln, bevor es verschwindet. „Um einen großartigen Empfang brauchen wir uns keine Sorgen zu machen", brummt der Opadinger.

Tatsächlich können sie schon aus der Ferne erkennen, daß der Aussichtsturm überfüllt ist. Eine kleine Gestalt rennt mit großen Gebärden hin und her. „Das kann nur Doktor Aufschneider sein", meint Dudi. Ihr wird es beim Anblick der Freunde warm ums Herz. Je näher die drei dem Turm kommen, umso lauter wird das Stimmengewirr. „Da sind sie!" schreit Doktor Aufschneider. Vom Turm aus beginnt ein Wettlauf. Im Nu sind der Opadinger, Hedu und Dudi umringt. Ihr Gepäck wird ihnen weggerissen. Mit lauten Freudenrufen werden sie zu Tisch geleitet. Zufrieden stellt Dudi fest, daß eine lange Speisetafel gedeckt ist. „Ich kann ordentlich was vertragen", sagt sie und klopft sich auf ihren leeren Bauch.

Während des Essens erzählen der Opadinger und Hedu abwechselnd ihre Erlebnisse. Dudi kann nur gelegentlich zustimmend nicken, da sie ständig mit vollen Backen kaut. „Ja, liebe Freunde", brummt der Opadinger glücklich, „so kann es gehen! Statt am Meer sind wir im Gebirge gelandet, und trotzdem war es wunderbar."

Nach einigen Tagen schleppt der Postbote ein riesiges Paket an. „Unser Ballon, unser Ballon!" schreien Hedu und Dudi, „der Yetinger hat unseren Ballon geschickt!" Die Freude des Opadingers wird allerdings etwas getrübt. Das Riesenpaket hat erhebliches Übergewicht und kostet Nachporto! Die Schratzeln sind wieder einmal froh, daß sie nichts mit dem Fliegen zu tun haben. Mit erhobenem Zeigefinger nicken sie einander zu:
„Ja, ja, das Fliegen! Erst fällt man herunter, und dann muß man auch noch Strafporto zahlen!"

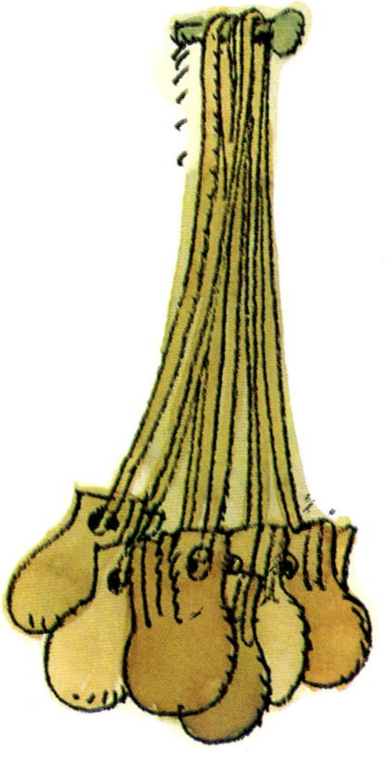

ALI MITGUTSCH wurde 1935 in München geboren. Seiner Heimatstadt ist er treu geblieben und lebt auch heute dort, mitten in Schwabing, oder auf seinem Bauernhof in Niederbayern.
Kindheit und Schulzeit hat er zum großen Teil in München verbracht. Keine ungetrübte Zeit, geprägt von der Unruhe durch die Nazizeit und dem Zweiten Weltkrieg.
Mit 14 Jahren begann er eine Lehre als Lithograph und später als graphischer Zeichner. Danach lernte er „das Handwerk" an der Akademie fürs graphische Gewerbe.
Angeregt und weitergebracht haben Ali Mitgutsch viele Reisen, zu denen er immer wieder aufgebrochen ist, seitdem er mit fünfzehn allein mit der Bahn zum weitest möglichen Ziel, nach Westerland, gereist ist. In der Fremde hat er vor allem gelernt, daß nichts so ist, wie man ihm glauben machen wollte.
Schon 1959 erschien Ali Mitgutschs erstes Bilderbuch: „Pepes Hut". Den Durchbruch zum bekannten und gelobten Bilderbuchmacher schaffte er mit den Wimmelbilderbüchern, die seit 1968 im Otto Maier Verlag erscheinen: „Rundherum in meiner Stadt", das 1969 mit dem Deutschen Jugendbuchpreis ausgezeichnet wurde, „Bei uns im Dorf" (1970), „Komm mit ans Wasser" (1971) und später „Hier in den Bergen" (1979) und „Wir spielen Abenteuer" (1983).
Viele andere Bilderbücher für kleine und größere Kinder, Riesenbilderbücher, Poster und Spiele hat Ali Mitgutsch für den Otto Maier Verlag gemalt. Sie sind verbreitet wie wenig andere, über dreieinhalb Millionen Bücher wurden bisher gedruckt. Wer kennt ihn nicht, diesen Geschichtenerfinder?

DIRK HOLGER TEICHMANN ist 1944 am Tegernsee geboren, aber kurz danach nach München gekommen und dort geblieben. In München hat er seine Schulzeit verbracht, dort hat er studiert und sich als Werkstudent durchgeschlagen und dabei z. B. als Teppichverkäufer, Blumenausfahrer, Schichtarbeiter, Briefträger und Landkartenzeichner gearbeitet. Zwei Semester Medizinstudium und Prüfung als Krankenpfleger schlossen sich an, dann ein Jurastudium bis zur ersten Staatsprüfung.
Seit 1977 lebt Dirk Holger Teichmann als selbständiger Autor und Graphiker dort in München, wo er am liebsten ist, in Schwabing.
An der Gestaltung eines Kindergartens hat er gemeinsam mit Ali Mitgutsch mitgearbeitet, Kinderprogramme für die Stadt München und das Fernsehen entwickelt und 1980 ein erstes Buch im Otto Maier Programm veröffentlicht: „In den Alpen". Seit 1985 gilt sein ganzes Interesse den Geschichten aus Dawoland!

Die Geschichte von Hedu und Dudi, von Dawoland und allen seinen Bewohnern ist noch lange nicht zu Ende, denn Dawoland ist bekanntlich nicht weit von hier und überall da, wo die Träume und Wünsche der Kinder zu Hause sind.
Ali Mitgutsch und Dirk Holger Teichmann erzählen in einem anderen Band: „Hilfe! Ein Monster!" von einer Riesenmaschine im Land der Undinger, die krachend die grünen Bäume wegfrißt, und die alles in Straßen verwandelt, was ihr in den Weg kommt. Sie treibt ihr Unwesen auch bei den Knuddeldingern und muß gestoppt werden. Hedu und Dudi haben den rettenden Einfall. In großer Eile und unter Gefahren gelingt es den Knuddeldingern, das Ungetüm zu einem Hindernis zu lenken, an dem es sich die Zähne ausbeißt...
Eine Menge Bilder voller Leben hat der Geschichtenerfinder Ali Mitgutsch gemalt. Gemeinsam mit Dirk Holger Teichmann denkt er sich die Geschichten von Dawoland aus, die Dirk Teichmann dann aufschreibt.

Ein weiterer Band, der von einem großen Fest erzählt, ist in Vorbereitung.
Ab 1987 werden die Abenteuer von Hedu, Dudi und den anderen Knuddeldingern auch im Fernsehen zu sehen sein.